Ο ΚΥΡΙΟΣ ΓΑΡΓΑΛΙΤΣΑΣ

by Roger Hargreaves

χάρτινη πόλη®

Ήταν ένα ζεστό, ηλιόλουστο πρωινό.
Στο μικρό σπιτάκι του δάσους,
ο **κύριος Γαργαλίτσας** κοιμόταν.
Χμμ... Ίσως δεν ξέρετε
πως υπάρχουν και Γαργαλίτσες!
Μα και βέβαια υπάρχουν!
Θέλετε να μάθετε πώς είναι;
Οι Γαργαλίτσες είναι μικροί και στρογγυλοί
και έχουν κάτι περίεργα χέρια
που τεντώνουν... και τεντώνουν...
και τεντώνουν...
Ατελείωτα είναι τα χέρια τους!

Ο κύριος Γαργαλίτσας κοιμόταν για τα καλά!
Έβλεπε μάλιστα και ένα όνειρο.
Θα πρέπει να ήταν πολύ αστείο το όνειρο αυτό,
γιατί γελούσε τόσο δυνατά, που ξύπνησε!
Κάθισε στο κρεβάτι του,
τέντωσε τα ατελείωτα χέρια του
και χασμουρήθηκε δυνατά...
«Η κοιλιά μου γουργουρίζει», σκέφτηκε.
Ξέρετε, λοιπόν, τι έκανε;

Τέντωσε το ένα από τα ατελείωτα χέρια του
και άνοιξε την πόρτα της κρεβατοκάμαρας.
Το χέρι κατέβηκε τη σκάλα,
άνοιξε την πόρτα της κουζίνας,
έφτασε μέχρι το ντουλάπι
και βρήκε το κουτί με τα μπισκότα!
Το ατελείωτο χέρι πήρε ένα μπισκότο
και το έφερε στον κύριο Γαργαλίτσα
που βρισκόταν ακόμα στο κρεβάτι του!
Όπως βλέπετε, είναι πολύ χρήσιμο να έχει κάποιος
μακριά χέρια σαν τον κύριο Γαργαλίτσα!

Λίγο αργότερα,
αφού έστρωσε το κρεβάτι του
και έφαγε το πρωινό του,
ξεκίνησε για μια βόλτα στο δάσος...
«Σήμερα είναι μια μέρα... πολύ γαργαλιστική!»
σκέφτηκε κι είχε τα μάτια του ορθάνοιχτα,
ψάχνοντας να βρει
κάποιον να γαργαλήσει!
Έπρεπε να βρει οπωσδήποτε
κάποιον να γαργαλήσει!

Τελικά, ο κύριος Γαργαλίτσας
έφτασε σ’ ένα σχολείο.
Δεν έβλεπε κανέναν γύρω του...
Έτσι τέντωσε τα ατελείωτα χέρια του
μέχρι το περβάζι του παραθύρου,
σκαρφάλωσε και κρυφοκοίταξε
μέσα από το ανοιχτό παράθυρο.

Είδε μια σχολική αίθουσα.
Τα παιδιά κάθονταν στα θρανία τους
και ο δάσκαλος έγραφε στον πίνακα.
Αφού περίμενε λιγάκι, πέρασε το χέρι του
μέσα από το ανοιχτό παράθυρο…
πλησίασε τον δάσκαλο, κοντοστάθηκε λιγάκι
κι ύστερα άρχισε να τον γαργαλάει!

Ο δάσκαλος τινάχτηκε πάνω
και γύρισε γρήγορα
να δει ποιος ήταν.
Περίεργο...
Πίσω του δεν υπήρχε κανένας!

Ο κύριος Γαργαλίτσας
διασκέδαζε αφάνταστα!
Περίμενε ένα λεπτάκι και μετά
γαργάλησε ξανά τον δάσκαλο...
Αυτήν τη φορά συνέχισε να τον γαργαλάει
μέχρι που τον άκουσε να φωνάζει:
«Σταμάτα, σταμάτα επιτέλους!»
Τα παιδιά είχαν σκάσει στα γέλια,
ενώ μέσα στην τάξη
υπήρχε απίστευτη φασαρία!

Αφού διασκέδασε αρκετά,
ο κύριος Γαργαλίτσας τράβηξε
σιγά σιγά το χέρι του
μέσα από το ανοιχτό παράθυρο.
Χοροπήδησε στην αυλή,
αφήνοντας τον καημένο τον δάσκαλο
έκπληκτο να προσπαθεί
να καταλάβει τι του συνέβη...
Όμως, ήταν αδύνατο!
Έτσι, ο κύριος Γαργαλίτσας
τράβηξε για την πόλη.

Εκεί πέρασε μια υπέροχη μέρα!
Πρώτον απ' όλους γαργάλησε
τον τροχονόμο που βρισκόταν
σ' ένα κεντρικό σταυροδρόμι
κι έκανε σήματα στα αυτοκίνητα.
Αμέσως δημιουργήθηκε
τρομερό μποτιλιάρισμα!

Μετά γαργάλησε τον μανάβη
που τακτοποιούσε τα μήλα του
στη βιτρίνα του μαγαζιού.
Ο μανάβης έκανε μια μεγάλη βουτιά
μέσα στα μήλα που κατρακύλησαν
σε όλο το μαγαζί.

Λίγο πιο κάτω,
στον σιδηροδρομικό σταθμό,
ο σταθμάρχης ήταν έτοιμος
να σηκώσει τη σημαιούλα του
για να ξεκινήσει το τρένο.
Μα καθώς σήκωνε το χέρι του ψηλά,
ο κύριος Γαργαλίτσας... ξέρετε τι έκανε;
Τον γαργάλησε!
Και κάθε φορά που πήγαινε
να σηκώσει τη σημαία,
ο κύριος Γαργαλίτσας τον γαργαλούσε,
με αποτέλεσμα το τρένο
να καθυστερήσει δέκα ολόκληρα λεπτά!
Οι επιβάτες έγιναν έξω φρενών...

Εκείνη την ημέρα
ο κύριος Γαργαλίτσας
γαργάλησε... τους πάντες!
Γαργάλησε και τον γιατρό!
Γαργάλησε και τον κρεοπώλη!

Γαργάλησε ακόμα
και τον κύριο Γραμματοσημόπουλο,
τον γερο-ταχυδρόμο!
Ο καημένος, από το πολύ γαργάλημα
έριξε κατά λάθος
όλα τα γράμματα μέσα στις λάσπες!

Σαν πέρασε η ώρα,
ο κύριος Γαργαλίτσας γύρισε σπίτι του.
Κάθισε στη λουλουδάτη πολυθρόνα του
και γελούσε μόνος του!
Δεν κρατιόταν από τα γέλια
κάθε φορά που θυμόταν όλους αυτούς
που είχε γαργαλήσει...

Αν, λοιπόν, γαργαλιέστε εύκολα,
φυλαχτείτε από τον κύριο Γαργαλίτσα
και από τα ατελείωτα, μακριά χέρια του...
Πού ξέρετε;
Αυτήν τη στιγμή που διαβάζετε
μπορεί να είναι κάπου κοντά σας.

Ίσως το ατελείωτο χέρι του
να πλησιάζει κιόλας την πόρτα
του δωματίου σας!
Μπορεί να την ανοίξει,
να μπει μέσα στο δωμάτιο
και προτού καταλάβετε καλά καλά
τι συμβαίνει...

...να σας γαργαλήσει!